Alexandra Reinwarth

Das Leben ist zu kurz für später

Das Leben ist zu kurz für später

Der Adventskalender für weniger Stress in der Weihnachtszeit

Alexandra Reinwarth

mvg verlag

Wie viele Weihnachten hast du schon erlebt?

Male die Anzahl der Weihnachtsbäume aus.

Das sind schon einige, oder?
Du hast also ausreichend Erfahrung gesammelt und erlebt,
wie es ist, sich stressen zu lassen.
Das brauchst du in Zukunft nicht mehr!
Genieß jedes einzelne Weihnachten, das noch vor dir liegt.

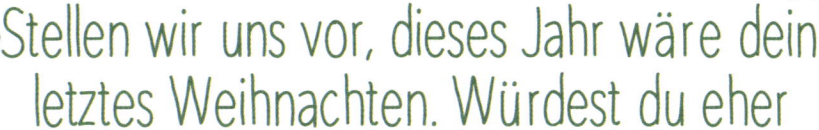

Stellen wir uns vor, dieses Jahr wäre dein letztes Weihnachten. Würdest du eher

☐ Plätzchen essen

☐ allein mit deinen Liebsten feiern

☐ etwas zu essen bestellen

☐ Diät halten

☐ einen Marathon starten, um alle Verwandten abzuklappern

☐ stundenlang in der Küche stehen

_____   _____

_____   _____

Was spricht dagegen, zu tun, was du willst?

Um dich beim Adventssingen nicht zu blamieren, hier zur Auffrischung der Text von *Stille Nacht, heilige Nacht:*

* *Stille Nacht, heilige Nacht! Alles schläft, einsam wacht nur das traute hochheilige Paar, holder Knabe im lockigen Haar, schlafe in himmlischer Ruh', schlafe in himmlischer Ruh'!*

* *Stille Nacht, heilige Nacht! Hirten erst kundgemacht durch der Engel Halleluja, tönt es laut von ferne und nah: Jesus, der Retter ist da, Jesus, der Retter ist da!*

* *Stille Nacht, heilige Nacht! Gottes Sohn, o' wie lacht Lieb' aus deinem göttlichen Mund, da uns schlägt die rettende Stund, Jesus in deiner Geburt, Jesus in deiner Geburt!*

Die einzig sinnvolle Diät, die du in der Weihnachtszeit halten solltest, ist folgende:

Verboten sind:

Ärger, Sorgen, Groll, negative Menschen, selbstgemachter Stress

Erlaubt sind:

Lachen, Genuss, geliebte Menschen,
selbstgemachte und/oder gekaufte Plätzchen

Die kleine Pause in der Badewanne!

»Also, heute muss ich noch dies und das besorgen,
aber danach nehme ich mir mal Zeit für mich.« Ganz ehrlich?
Das klappt nie – und schwupps, ist die Weihnachtszeit schon wieder
um und von Besinnlichkeit weit und breit keine Spur.

Wie wäre es also mit einem schönen Schaumbad
und einem guten Buch?

JETZT!

Sorg dafür, dass du während dieser Zeit garantiert nicht gestört wirst.
Dann kannst du die kleine Pause auch so richtig genießen.

Das Haus vom Nikolaus

Unzählige Weihnachten sind schon vergangen und du weißt immer noch nicht, wie man das Haus vom Nikolaus richtig malt?

Damit ist jetzt Schluss!

Leckere Plätzchen

Du brauchst leckere Plätzchen für die Kita oder den Besuch von Onkel Herbert und hast weder Zeit noch Lust, ewig in der Küche zu stehen?

Hier ein super einfaches Rezept für leckere Schokoplätzchen:

300 g Mehl	½ Pck. Backpulver
150 g Butter	2 EL Kakaopulver,
100 g Zucker	je nach Geschmack
2 Eier	Zum Verzieren Puderzucker

Alle Zutaten zu einem Mürbeteig verarbeiten. Wenn der Teig noch nicht fest genug ist, einfach noch einen oder zwei EL Mehl dazugeben.

Der Teig wird in Frischhaltefolie gewickelt und 30 Minuten in den Kühlschrank gestellt. Wenn die Zeit um ist, den Teig dünn ausrollen und die Plätzchen ausstechen.

Den Backofen auf 180°C vorheizen. Dann die Plätzchen ca. 10 Minuten backen. Mit Puderzucker bestäuben.

TIPP: Wer mit Kakaopulver spart, ist selber schuld!

Was schenken?

**Wenn du immer noch auf der Suche
nach dem richtigen Geschenk sein solltest:**

Es sind vor allem gemeinsame Erlebnisse,
die am meisten Freude bereiten.
Ein Ausflug in den Zoo, ein kleiner Kurzurlaub
oder eine Runde Kartfahren.
Die Erinnerung an die gemeinsam verbrachte Zeit
ist mehr wert als jedes Paar Socken.

Last Christmas ...

Last Christmas raubt dir mal wieder den letzten Nerv und du würdest
gern in der Zeit zurückreisen, um Wham! aufzulösen,
bevor sie dieses Verbrechen an der Menschheit begehen können?

Klar, man kann sich aufregen.

Oder sich damit abfinden und das Beste daraus machen.
Sich zum Beispiel eine lustige Choreographie dazu ausdenken.
Oder die Gelegenheit nutzen und laut mitsingen,
damit die Nachbarn auch noch was davon haben.

Dir wird schon etwas einfallen!

Das Leben ist zu kurz für beschissene Musik – erst recht an Weihnachten.

Such dir also deine liebsten Weihnachts-CDs heraus oder erstelle eine Playlist, die nur Lieder beinhaltet, die du in der Weihnachtszeit hören willst.
Wenn da am Ende nur Death Metal drauf ist, auch gut.

Du entscheidest, was du hören willst.

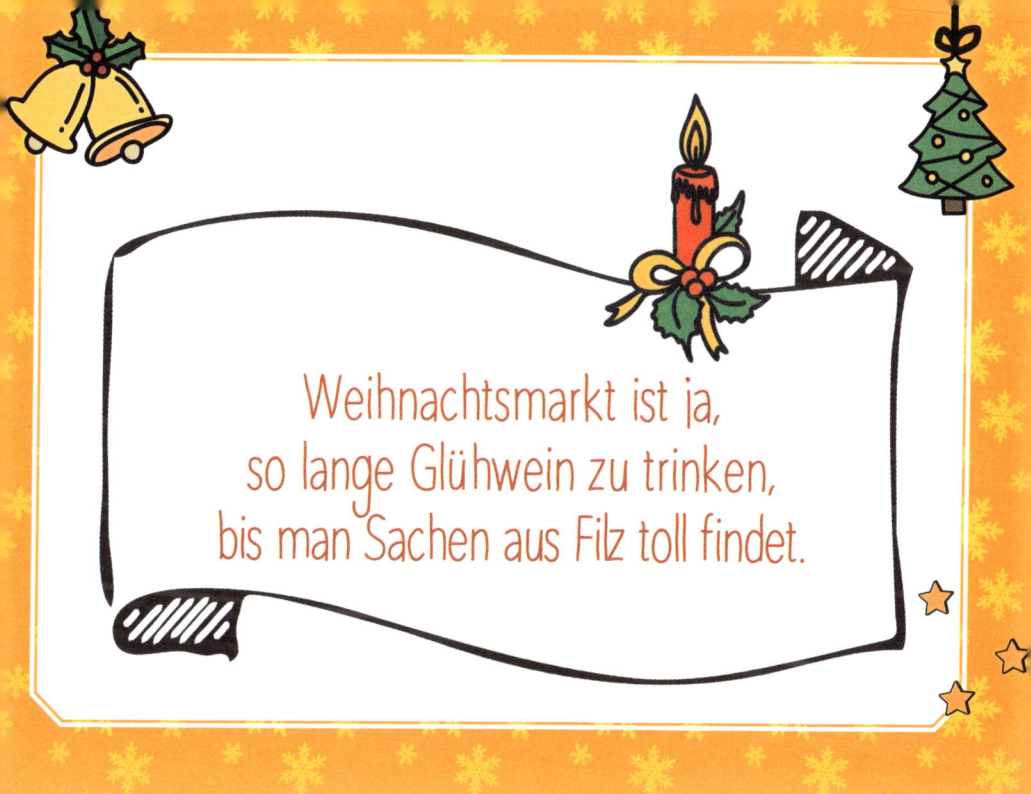

Weihnachtsmarkt ist ja,
so lange Glühwein zu trinken,
bis man Sachen aus Filz toll findet.

Weihnachtsstress adé!

Schon langsam zieht der Weihnachtsstress an
und du weißt nicht mehr, wie du dich dem entziehen kannst?
Hier eine kurze Anleitung für besinnliche,
entspannte Stimmung in nur fünf Minuten:

1. Teelicht anzünden

2. Tee trinken

3. Keks essen

4. Gedanken, die mit »Eigentlich müsste ich ...« beginnen,
   beiseiteschieben

Bei Bedarf gerne mehrmals wiederholen.

Weihnachten und die liebe Verwandtschaft

Weihnachten ist eines dieser Feste,
an denen man unweigerlich mit der Verwandtschaft konfrontiert wird
und die Fortsetzung von alten Konflikten droht.

Aber muss das wirklich sein?
Anstatt auf alten Streitereien zu beharren, kannst du versuchen,
dieses Jahr alle emotionalen Themen zu meiden.
Hast du schon gesehen, wie schön alles dekoriert ist?
Und der kleine Fridolin kann mittlerweile schon sitzen? Toll!

Absolut unverfänglich.

Stern-Dekoration

Schneide die Sterne hier aus und häng sie mit Tesa an die Wand.
Wenn du sie vor dem Ausschneiden kopierst (und vergrößerst),
hast du auch genügend Sterne für das ganze Haus.

Macht wenig Arbeit, sieht aber super aus!

TO ME, YOU ARE PERFECT

Nichts bringt einen mehr in Weihnachtsstimmung
als Weihnachtsfilme. Seien es Klassiker wie
Drei Haselnüsse für Aschenbrödel oder *Tatsächlich … Liebe*
oder das neue Genre der Netflix-Weihnachtsfilme.

Wenn du eine kleine Erinnerung brauchst,
warum Weihnachten das Fest der Liebe ist,
schalte den Kopf aus und Herz und Fernseher ein.

Das geht auch wunderbar mit der ganzen Familie!*

* Außer dein Weihnachtsfilm der Wahl ist *Stirb langsam*. Dann schick die Kleinen lieber vorher ins Bett.

Frohe Weihnachten

MERRY CHRISTMAS!

Schau doch bitte noch bei Tante Martha vorbei,
der Kegelverein trifft sich morgen zum Weihnachtsbrunch
und die Firmenweihnachtsfeier steht auch noch an.

GOD   JUL!

**Wenn du auf diese Feiern Bock hast,
nur zu, nimm alles mit, was geht.**

Wenn du aber lieber zu Hause bleiben und dich einkuscheln willst, sag ab.
»Ich kann nicht, ich muss Frohe Weihnachten noch
in fünf neuen Sprachen lernen.« Oder so.

Joyeux Noël!

Buon Natale!

Zalig Kerstfeest!

Auf zum Weihnachtsmarkt!

**Ein Weihnachtsmarktbesuch ist
immer eine gute Idee.**

Um dir allerdings den Stress drum herum zu ersparen,
empfiehlt es sich, lieber nicht am Wochenende zu gehen.

Außerdem solltest du die Gesellschaft von
›Mensch, nur Fressbuden. Früher war das anders.‹-Leuten meiden
und lieber mit
›Mensch, nur Fressbuden! Wie toll!‹-Menschen hingehen.

Weihnachts-Flachwitz

Damit auch das Lachen dieses Jahr nicht zu kurz kommt,
hier ein kleiner Flachwitz für zwischendurch:

**Was ist ein Keks unterm Baum?
– Ein schattiges Plätzchen.**

Weisst du, was richtig unfair ist?

Man macht sich in der Vorweihnachtszeit die ganze Zeit
darüber Gedanken, was man ANDEREN schenken könnte.

Mach dieses Jahr mal etwas anders.

Kauf die Geschenke für die anderen und dann
noch etwas für dich selbst.

Das hast du dir nämlich verdient. Deal?

Von drauss vom Walde

In der Stadt ist es mittlerweile kaum mehr auszuhalten.
Überall Menschen, ein Gedränge und Geschubse ohnegleichen.
Lächeln scheint aus zu sein für dieses Jahr.

Doch dieses Mal machst du da nicht mit:

Raus in die Natur.

Schnapp dir deine Liebsten,
zieht euch warm an
und macht einen schönen Waldspaziergang.

Nichts pustet den Kopf so schön frei wie frische Winterluft.

Das Ende des Jahres eignet sich immer sehr gut,
über das eigene Leben und die eigenen Wünsche
nachzudenken.

Meine Träume und Wünsche

_____   _____

_____   _____

_____   _____

Nun hast du zwei Möglichkeiten:

Du wartest, bis dir das Christkind all deine Wünsche erfüllt –
oder du versuchst im kommenden Jahr,
jedem dieser Wünsche selbst ein Stückchen näher zu kommen.

Etwas Gutes tun

Deine Vorweihnachtszeit gestaltet sich bisher ja ganz angenehm.
Aber nicht alle haben es schön –
weder im Dezember noch sonst irgendwann.

Überleg dir, wie du auch ihr Leben
ein kleines bisschen besser machen kannst.
Etwas spenden? Dich ehrenamtlich engagieren?

Nicht immer muss es etwas Großes sein.
Manchmal hilft es auch schon, seinen Mitmenschen hilfsbereit
zur Seite zu stehen.

Dir fällt sicher etwas ein!

Du hast es fast geschafft!

Am besten checkst du heute schon einmal,
ob die Lichterkette funktioniert, das Essen bestellt ist,
die Geschenke verpackt sind.

Alles erledigt?

Dann leg die Füße hoch,
genieß den heißen Kakao und freu dich auf morgen.

Heute gibt es nur eine Aufgabe für dich:

Drück deine Lieben, sag ihnen, wie schön es ist, dass es sie gibt,
und genieß den Tag!

Frohe Weihnachten!

Bibliografische Information der Deutschen Nationalbibliothek

Die Deutsche Nationalbibliothek verzeichnet diese Publikation in der Deutschen Nationalbibliografie. Detaillierte bibliografische Daten sind im Internet über http://dnb.d-nb.de abrufbar.

Für Fragen und Anregungen
Originalausgabe
1. Auflage 2019
© 2019 by mvg Verlag, ein Imprint der Münchner Verlagsgruppe GmbH
Nymphenburger Straße 86
D-80636 München
Tel.: 089 651285-0
Fax: 089 652096

ISBN Print 978-3-7474-0133-0

Umschlaggestaltung: Laura Osswald
Umschlagabbildung: Shutterstock.com/Drawlab19
Abbildungen Innenteil: Shutterstock.com
Satz: Digital Design, Eka Rost
Druck: Livonia Print, Riga
Printed in Latvia

―― Weitere Informationen zum Verlag finden Sie unter ――

www.mvg-verlag.de

Beachten Sie auch unsere weiteren Verlage unter www.m-vg.de